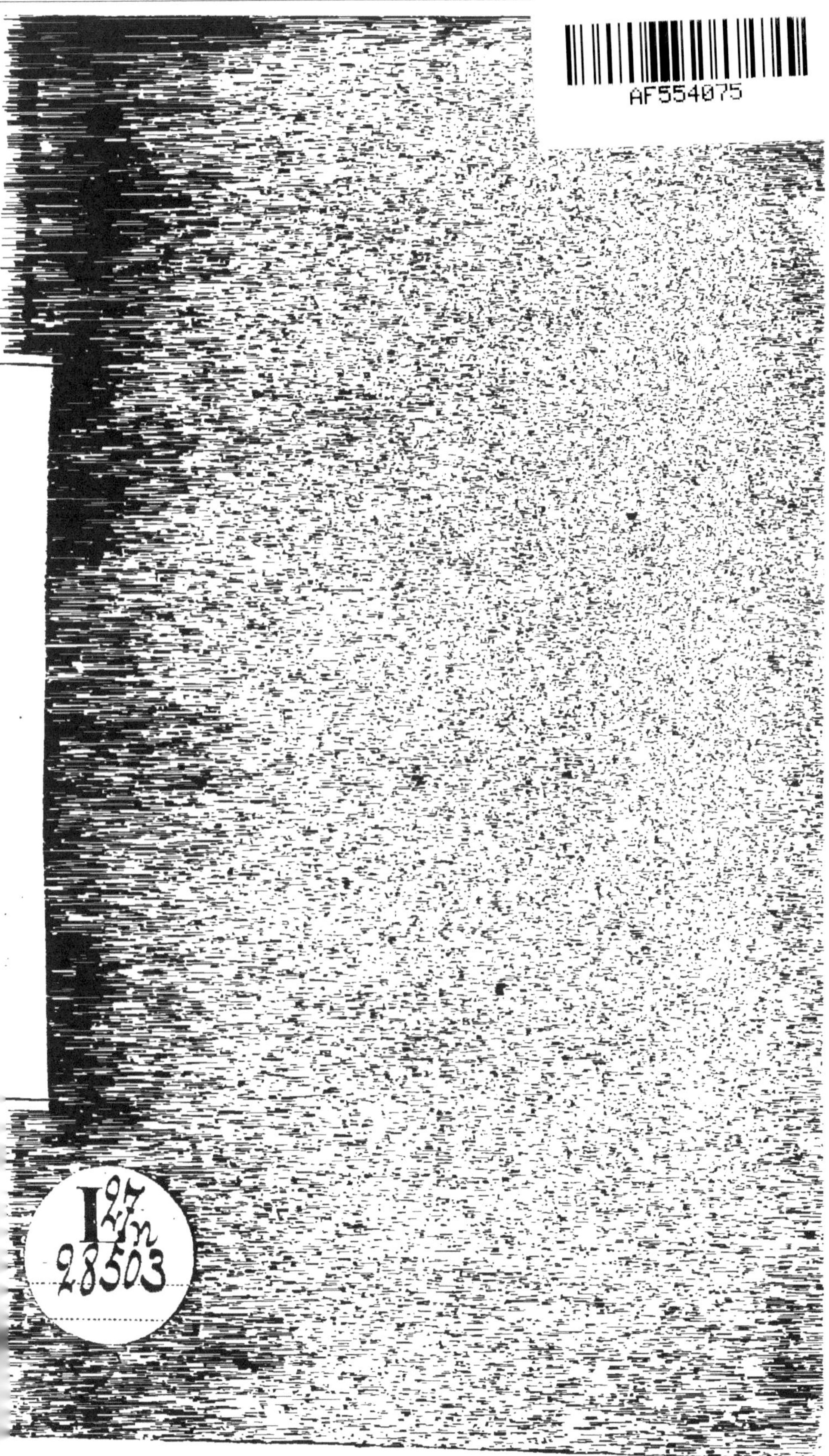

PAUL-MARIE-CHARLES

BERNARD

PAUL-MARIE-CHARLES

BERNARD

MPRIMERIE EUGÈNE HEUTTE ET Cie, A SAINT-GERMAIN

PAUL-MARIE-CHARLES

BERNARD

1840-1874

PAR

ANATOLE DE SÉGUR

PARIS
Librairie Saint-Joseph
TOLRA, LIBRAIRE-ÉDITEUR
112, RUE DE RENNES, 112

1875

Note de l'auteur. — Cette notice n'est pas destinée à la publicité; on espère que tous ceux qui la liront voudront bien prier pour l'âme de Paul Bernard et pour tous les morts de sa famille.

NOTICE BIOGRAPHIQUE

SUR

PAUL BERNARD

Il est un usage peu répandu, mais qui devrait l'être et que je voudrais voir s'établir dans toutes les familles chrétiennes; ce serait d'écrire et de conserver dans un recueil qui s'appellerait le livre de famille, la biographie de tous ceux de ses membres que Dieu rappelle à lui et qui ont mérité de ne pas mourir tout entiers.

Par ce moyen, le présent se rattacherait au passé, les bonnes et saintes traditions se perpétueraient de génération en génération, l'unité de la famille serait heureusement resserrée, et l'on ne verrait plus comme aujourd'hui des petits-fils et des fils mêmes ne connaissant presque rien des actions, des exemples, de la vie de leurs parents disparus.

Cet usage que je recommande vivement à tous

ceux pour lesquels la famille est toujours ce qu'il y a de plus sacré sur la terre, après Dieu, me paraît plus nécessaire et plus légitime que jamais, quand je pense à celui dont je vais raconter la simple histoire et chercher à reproduire la belle et pure physionomie. A en juger par les événements extérieurs et publics, la vie de Paul Bernard semble n'avoir rien de saillant et pourrait se résumer en quelques mots et en quelques dates, sa naissance, son éducation, son mariage, son administration municipale, sa mort. Mais si l'on pénètre dans l'intérieur de cette vie si simple et de cette âme si renfermée, on y trouve des trésors de vertus, de mérites, de bons exemples, de sainte et véritable grandeur.

Ne pas laisser ce trésor enfoui et comme perdu dans quelques mémoires fidèles qui l'emporteraient dans la tombe, tracer de cette noble figure un portrait véridique sans flatterie comme sans fausse modestie, que ses descendants puissent conserver et consulter comme un modèle, tel est le but de cette notice consacrée spécialement aux enfants d'abord, puis à la famille et aux amis de Paul Bernard. Ces derniers sont nombreux, car il était aimé dans tous les rangs, et ce n'est point parmi ses ouvriers et les habitants de sa chère commune de Santes qu'il a laissé les moins durables souvenirs.

Paul-Marie-Charles Bernard reçut de Dieu une grande grâce en venant en ce monde, celle de naître d'une famille où les traditions de la foi, de la piété et de l'honneur se transmettaient avec le sang depuis plusieurs générations. Tout était respecté et respectable, tout était honnête et chrétien autour de lui, et il grandit dans une atmosphère catholique, comme s'il fût né dans un de ces siècles du moyen âge où la foi se respirait avec l'air et où les noms de catholique et de français étaient synonymes.

Cette grâce que ses enfants ont reçue comme lui est toute gratuite, et elle impose à ceux qui la reçoivent en entrant dans la vie une redoutable responsabilité. Car Dieu ne juge pas les hommes uniquement sur leurs œuvres, mais sur la comparaison de leurs œuvres avec les grâces qu'il leur a données, et il demande bien plus aux fils des saints qu'aux fils des impies ou des simples indifférents.

Paul Bernard se souvint toute sa vie de ce qu'il devait à son nom, à sa famille, aux sentiments et aux principes qu'il avait trouvés dans l'héritage paternel, et il transmit à ses enfants cet héritage sacré non-seulement intact, mais accru par ses exemples et ses mérites personnels.

Il naquit à Santes le 14 juin 1840. Son père, M. Alexandre Bernard, était l'aîné des nombreux enfants de M. Benjamin Bernard; il avait épousé Mlle Cécile Charvet. Paul était le cinquième de leurs huit enfants, sur lesquels deux seulement lui ont survécu. Quoiqu'il fût né avec une constitution robuste qui tint plus tard tout ce qu'elle promettait, il eut dans les premiers temps de sa vie de nombreuses misères qui firent craindre qu'on ne pût l'élever. Mais on en triompha à force de soins, et, jusqu'à sa mort, il jouit d'une belle et vigoureuse santé.

Sa première enfance se passa à Santes où il devait goûter plus tard les plus heureuses années de sa courte existence. Dès le commencement, on put voir en lui les germes des défauts qu'il domina depuis et des grandes qualités que la foi et l'éducation développèrent jusqu'à la fin de sa vie. Il était ardent, emporté, tout de premier mouvement. A la fois très-taquin et très-affectueux, il était un peu redouté et très-aimé de ses frères et sœurs. Un jour, à la suite d'une réprimande très-méritée de sa sainte et excellente grand'mère, Mme Bernard, il se précipita furieux dans le salon et brisa d'un coup de bâton la glace de son portrait. Le désespoir qui suivit cet acte de violence fut égal à la colère qui l'avait inspiré, et il n'en perdit jamais le souvenir.

A cette violence naturelle, joignez une bonté de cœur sans pareille, un immense besoin d'aimer et d'être aimé, et une timidité qui, en retenant souvent l'expression de ses sentiments, lui donnait une apparence de froideur et lui imposa plus tard de cruelles souffrances, et vous aurez la physionomie fidèle de son âme dès le début de son existence.

Un grand chagrin troubla son enfance et projeta son ombre sur toute sa jeunesse. Il avait six ans à peine quand il perdit son père et sa mère. Mme Alexandre Bernard mourut la première, le 25 août 1846, épuisée de santé, pleine de mérites devant Dieu, mûre pour le ciel. Son mari la suivit de près, et l'on peut dire qu'il mourut du même coup. Résigné comme elle, laissant ses huit enfants sous la garde de Dieu et d'une famille faite pour toutes les épreuves et tous les dévouements, il expira chrétiennement le 11 novembre de la même année, trois mois après sa femme.

Paul ne se souvenait que confusément de la mort de sa mère. Son seul souvenir à cet égard était celui du désespoir de son père qu'il se rappelait très-bien avoir vu sangloter dans le jardin. Les derniers moments de son père lui étaient restés beaucoup plus présents. Il croyait entendre encore le bruit que fit la porte de la chambre de ce pauvre père quand, au retour de la messe des morts, le 2 novembre, se sentant profondément atteint, il la referma brusquement sur lui-même pour demeurer seul avec son mal et sa douleur. Il se souvenait très-nettement aussi qu'on le conduisit au lit de mort avec ses frères et sœurs pour recevoir la bénédiction paternelle; et l'accent avec lequel le mourant dit en les regardant: « Mes pauvres petits enfants! » était resté profondément gravé dans sa mémoire et dans son cœur. Il aimait à en parler à sa femme, surtout quand il se trouvait dans cette chambre de Santes où son père était mort, qui était devenue la sienne, et où il devait mourir à son tour, laissant aussi huit enfants en bas âge.

Après la mort de M. Alexandre Bernard, les pauvres orphelins quittèrent Santes et furent recueillis à Lille par Mme Flamen, leur tante, qui remplaça pour eux les parents perdus. Ils retrouvèrent dans cette modeste et pieuse maison les tendresses d'un père et d'une mère, et Paul pensait souvent avec une reconnaissante émotion aux conseils et aux exemples de son oncle Flamen, qui était la simplicité et la bonté mêmes. Leur bonne Robertine, fidèle au souvenir de ses maîtres, les avait suivis chez leur tante, et leur prodigua toujours des soins d'autant plus tendres qu'ils avaient plus besoin de son affection. Paul, reconnaissant comme toutes les âmes élevées, se plaisait à la revoir, à la recevoir chez lui, à causer avec elle du temps passé, et bien des fois il dit à sa femme qu'il aimerait mieux manquer du nécessaire que d'en voir manquer cette excellente fille, si attachée à lui et à tous les siens.

Vers l'âge de sept ans, il fut mis au pensionnat de Saint-Joseph, à Lille, où il se distingua surtout par ses espiégleries et ses innocentes malices; puis, trois ans plus tard, au collége ecclésiastique de Marcq où il fit sa première communion en 1852. Cette grande action, la plus importante de la vie après l'acte suprême de la mort, marqua son âme d'un signe ineffaçable de grâce et de salut. Il s'y prépara avec un soin pieux, l'accomplit avec une foi et un recueillement tout à fait extraordinaires à cet âge. Ce fut la base solide de sa vie et des habitudes chrétiennes qu'il conserva toujours et qui le préservèrent des dangers au milieu desquels il se trouva souvent.

Ses sœurs Marie et Julie lui ayant apporté à cette occasion une petite croix en argent, ce simple cadeau le remplit de joie. Il la baisait avec ravissement, ne voulait pas s'en séparer et il dit à l'un de ses camarades qui avait reçu une très-belle montre : « Si tu es content de ta montre, je suis encore plus heureux de ma chère petite croix, et je ne la donnerais pas pour cent montres comme la tienne. »

A la sortie qui suivit sa première communion, il parla à son plus jeune frère, Charles, du bonheur qu'il avait éprouvé, dans des termes et avec une profondeur de sentiment bien rares chez un enfant de cet âge : il comparait ce bonheur à celui qu'on doit goûter dans le ciel. Quand on a fait sa première communion dans de pareilles dispositions, la vie peut avoir ses épreuves, ses tentations, ses orages ; mais le triomphe est certain et le salut final assuré.

Paul resta à Marcq jusqu'à dix-sept ans. Il y laissa le souvenir d'un élève studieux, intelligent et consciencieux ; mais il n'y fut pas complétement heureux. Il était trop timide et trop ardent à la fois, trop tendre et trop renfermé, pour se faire à la vie de collége. Les seuls jours vraiment heureux de cette époque de sa vie furent ceux des vacances qu'il passait soit chez Mme Flamen, soit à Warlaing, chez sa grand'mère Mme Bernard. Il trouvait dans cette paisible campagne tout ce qu'il aimait, la vie de famille, la tendresse de ses proches, le grand air, les exercices violents et la liberté des champs. C'est là qu'il apprit à nager : la natation et la chasse furent dès sa jeunesse les deux grandes passions de sa vie.

Un des souvenirs les plus chers de son enfance était, après les vacances, la fête du lundi de Pâques chez Mme Charvet, sa grand'mère, qui, à cette occasion, réunissait chez elle tous ses petits enfants. Les plus âgés cachaient dans le jardin des paniers pleins de gâteaux et de bonbons que les petits trouvaient avec des cris de joie. Un grand dîner réunissait ensuite toute la famille. C'était une de ces fêtes patriarcales, comme toutes les familles en connaissaient autrefois, et dont malheureusement la tradition se perd de plus en plus. Avec ces simples et charmants usages, la joie s'en va de ce monde, et le plaisir, hélas ! ne la remplace pas.

Quand Paul eut fini ses études, vers l'âge de dix-sept ans, on pensa à le diriger du côté de l'École polytechnique, et il fut mis au collége de la rue des Postes, à Paris. L'année qu'il passa dans cette admirable institution qui peuple l'armée d'officiers chrétiens, et qui rend à la France des services toujours croissants, fut cependant la plus pénible de sa vie. Son humeur timide jusqu'à la sauvagerie, le sentiment de l'isolement où il se trouvait loin des siens, au milieu de nouveaux camarades qui ne devinaient pas ce qu'il y avait de tendresse et d'élévation morale sous cette enveloppe un peu rude, le firent beaucoup souffrir. Un grand chagrin acheva d'assombrir cette douloureuse époque de sa jeunesse. Sa sœur Marie mourut presque subitement au mois de juin 1857, laissant un fils de quatre ans et un mari désolé. Ce fut pour l'âme tendre et déjà attristée de Paul un coup aussi terrible qu'inattendu. Un de ses cousins, qu'il aima toujours beaucoup, chargé de lui annoncer cette fatale nouvelle à laquelle rien ne l'avait préparé, fut effrayé de la violence et de la profondeur visible de sa douleur. Ses sanglots l'étouffaient et ses larmes coulant à flots semblaient accroître son chagrin au lieu de le soulager.

Les Pères de la rue des Postes qui estimaient les grandes qualités de Paul, sa droiture, sa pureté, son bon cœur, mais qui lui trouvaient mauvaise tête, ne tardèrent pas à reconnaître que le régime de leur maison n'était pas fait pour lui, et s'il ne fut pas renvoyé dans le sens humiliant et désagréable de ce mot, il fut cependant, sur l'invitation des Pères, rappelé par sa famille quelques jours avant les vacances. On comprend combien fut pénible pour lui ce retour à Lille dans de pareilles circonstances. Il s'attendait à un accueil sévère et qui eût dû l'être, en effet, si les motifs et la décision des Pères n'avaient été connus. Il n'y trouva qu'une bienveillance dont il fut très-touché. La façon dont le reçut sa tante, Mme Henri Bernard, la plus douce et la plus aimable des saintes, l'émut tout particulièrement. En le revoyant, elle lui prit et lui serra la main avec une si tendre bonté et un regard si encourageant qu'il en fut remué jusqu'au fond du cœur. Il est des moments de tristesse et d'ennui où une parole, un regard, un accueil peuvent avoir une action décisive sur l'existence d'un jeune homme, le décourager pour des années, ou au contraire lui rendre l'énergie morale et cette humble confiance en soi et dans les autres, si nécessaire à qui débute dans la vie. Paul Bernard trouva ce secours dans l'accueil silencieux mais expressif de Mme Henri Bernard, et il n'en perdit jamais le reconnaissant souvenir.

Son oncle acheva ce que sa tante avait si heureusement commencé. Après les vacances, il conduisit Paul en Angleterre, chez les bénédictins d'Ampleforth, pour y apprendre l'anglais, et lui témoigna tant de bonté pendant le voyage, que le pauvre enfant s'ouvrit complétement à lui, lui expliqua toutes ses mésaventures de la rue des Postes et lui parla comme au plus tendre des pères. Cet épanchement, si longtemps comprimé, fit un bien immense à Paul qui aborda l'Angleterre avec un cœur léger et joyeux, et qui garda toujours pour son oncle les sentiments d'une vive reconnaissance et d'une confiance sans réserve.

Le séjour d'une année qu'il fit en Angleterre fut une des plus heureuses époques de sa jeunesse. La cordialité des bénédictins d'Ampleforth, la vie occupée, active et studieuse à la fois qu'il mena chez eux, la liberté dont il y jouit, la confiance qu'on lui témoigna, répondaient à tous les instincts, à tous les désirs de son esprit et de son cœur. L'air catholique anglais était fait pour lui, et il le respirait avec une plénitude de vie qu'il ne connaissait pas encore. C'est là que de chrétien régulier qu'il était, il commença à devenir pieux, et qu'il entra dans cette voie de la perfection où il devait s'avancer d'un pas tranquille mais continu jusqu'à son dernier soupir. Il fit chez les bons religieux d'Ampleforth une retraite sérieuse et fructueuse; il fit aussi, avant de les quitter, un voyage qui le ravit dans les montagnes d'Écosse, et il en revint à l'automne de 1869, sachant parfaitement l'anglais, ayant fait la salutaire expérience de la liberté dans la règle, de la dévotion dans la gaieté, de l'étude dans l'activité du corps, fortifié contre les dangers et les épreuves de la vie qu'il allait sérieusement aborder.

Ces épreuves et ces dangers ne tardèrent pas à se présenter à lui. Il les trouva au Quesnoy, dans une fabrique de sucre où il entra pour faire son apprentissage de raffineur. Logé dans une chambre garnie, prenant ses repas à la table d'hôte au milieu de jeunes gens pour la plupart sans religion, sans principes et sans mœurs, il eut à résister à l'entraînement des mauvais exemples, aux tentations du respect humain, et il dut bien souvent rendre témoignage à sa foi, soit par son silence désapprobateur, soit quand il le fallait par ses paroles. Pour le soutenir dans cette lutte, Dieu lui envoya un précieux appui en la personne de M. Waeller, plus âgé que lui, et comme lui appartenant tout entier à Dieu, à l'Église et au bien. Ils se lièrent bientôt de la plus tendre affection, et Paul lui voua une amitié qui jusqu'à la fin a été un des charmes et une des forces de sa vie.

Aussi, quand un peu plus tard, en 1861, Paul fit un petit voyage en Allemagne, les huit jours qu'il passa chez la belle-sœur de son ami, dans les provinces rhénanes, près de Cologne, furent-ils au nombre des plus charmants de sa jeunesse. Il trouva là une réunion de jeunes filles et de jeunes femmes allemandes ou anglaises, pieuses, aimables et riantes, qui lui firent goûter tous les charmes du monde avec ses dangers en moins, avec l'innocence et la simplicité en plus. Il y passa les fêtes de Noël, et jamais cette nuit divine ne lui parut plus belle et ne remplit son âme de plus pures émotions.

Vers la même époque il alla passer quelques jours en Angleterre, revit les bons pères Bénédictins d'Ampleforth et fit avec Londres une connaissance plus approfondie. Il y alla trois fois au spectacle, et ce fut fini pour toujours. De retour en France, il ne remit jamais les pieds au théâtre. Il était d'avis que c'est là un divertissement toujours inutile, souvent dangereux, et il ne manqua jamais à la règle inflexible qu'il s'était faite de s'en priver absolument.

C'est après ces voyages et les deux années passées au Quesnoy que Paul trouva, par un concours tout-à-fait inattendu de circonstances, la réalisation du rêve de toute sa jeunesse. Depuis quelque temps déjà, il cherchait avec ses frères qui furent toujours ses meilleurs amis à installer quelque part une fabrique de sucre où ils pussent s'occuper ensemble. L'établissement de Santes leur fut offert par leurs oncles Bernard qui l'avaient dirigé jusque là. On juge avec quel empressement cette proposition fut acceptée ! Paul ne pouvait parler sans émotion du bonheur qu'il avait éprouvé en reprenant possession de cette chère maison où il avait passé les premières années de sa vie, où vivaient les souvenirs de ses parents perdus, et d'où la mort seule de ces chers parents l'avait fait sortir. A partir du commencement de l'année 1862, il y vint continuellement de Lille, et sans s'y installer tout à fait encore, il y fit de longs et fréquents séjours.

La joie de cette installation à peine commencée fut troublée par une nouvelle et terrible épreuve, comme s'il était écrit que son âme faite pour le ciel ne jouirait jamais complétement des félicités de la terre. Le 13 mars 1862, quelques semaines à peine après la prise de possession de Santes par

Paul et ses frères, ils eurent la douleur de voir mourir leur sœur Julie Colombier, en laquelle ils retrouvaient quelque chose de la tendresse et de la gravité douce d'une mère.

Établie à Haubourdin, son voisinage était pour eux un des charmes de l'habitation de Santes. Cette joie se changea presque subitement en deuil. Cette belle et sainte âme, en quittant la terre où elle laissait un mari, de jeunes enfants, toutes les affections les plus tendres, légua à ses frères avec ses avis et ses adieux tout maternels, l'exemple d'une fermeté héroïque et d'une foi admirable. Si la famille s'amoindrissait et s'appauvrissait en ce monde, elle s'enrichissait dans le ciel de protecteurs plus puissants et plus salutaires, bien qu'invisibles. Avec Julie Colombier disparaissait leur dernière sœur. Les quatre frères restaient encore, le plus jeune se consacrant à Dieu dans le sacerdoce, les trois autres associés dans la même industrie, tous les quatre unis de la plus étroite et la plus chrétienne affection. Cette union allait leur donner quelques années d'un bonheur simple et pur que la mort devait trop tôt briser.

A la fin de 1862, Paul et ses frères étaient définitivement installés à Santes. Paul s'intéressait beaucoup à tout ce qui concerne l'industrie, la chimie, les machines, la fabrication du sucre; il s'y donna tout entier et pendant le premier hiver, il passa souvent une partie de ses nuits à la fabrique. Il connaissait la besogne de chaque ouvrier et pouvait au besoin remplacer les absents, ce qu'il fit en effet plus d'une fois. On comprend l'influence que de tels procédés lui donnaient sur le personnel de l'usine.

Il se reposait de l'industrie par la chasse, à laquelle dès lors il donna une partie de ses moments libres et qu'il aimait avec passion. Quand la chasse ordinaire était fermée, il lui restait la chasse au marais à laquelle il n'apportait pas moins d'ardeur et qui fut même son dernier plaisir; car c'est en en revenant qu'il fut atteint de la cruelle et rapide maladie dont il mourut. Il allait quelquefois chercher des marais à deux heures de Santes, et il en revenait pour l'heure du dîner, fatigué des jambes, mais la tête libre et le cœur joyeux. Pendant le carême, il trouvait moyen de concilier avec ce plaisir salutaire la rigoureuse observation des lois de l'Église. Il partait à jeûn, emportant dans son carnier un morceau de pain avec des pruneaux ou des figues sèches. L'heure de la collation venue, il s'asseyait au bord d'un fossé, prenait son frugal repas et se remettait bravement en chasse. On peut juger de l'appétit qu'il rapportait au logis, après une journée de cet exercice et de ce régime.

Ses frères Alexandre et Georges ne tardèrent pas à se marier, et contrairement à ce qui arrive trop souvent dans les familles mondaines où l'on consulte dans les mariages les seules convenances de la fortune et de la position sans se préoccuper des rapports des habitudes et des âmes, ces deux unions successives, au lieu de lui enlever ses frères, lui rendirent de vraies sœurs.

Il commença dès lors à penser lui-même au mariage, et pour obtenir de Dieu la grâce d'une compagne qui lui convînt, il tourna de plus en plus son âme du côté des choses divines. Il s'approcha plus souvent des sacrements, et de pieux qu'il était déjà il devint fervent chrétien. Avec son aimable humilité, lui qui n'avait jamais manqué à ses devoirs religieux, qui avait toujours donné l'exemple de la vie la plus irréprochable et des mœurs les plus pures, il appelait ce moment celui de sa conversion. C'est alors qu'il acheta, pour le suspendre à son lit, un crucifix en bois noir et en cuivre, qui veilla dès lors sur son sommeil jusqu'au sommeil de la mort, qui reçut son dernier baiser et son dernier soupir, et qui reposa sur son cœur jusqu'au moment où sa dépouille fut mise au cercueil. Sainte et touchante relique que sa veuve conserve avec un soin pieux et qui sera pour ses enfants un précieux héritage.

Vers le mois de juillet 1864, peu de jours après le mariage de son frère Georges, sur le conseil de l'abbé Bernard, son oncle, en qui il avait toute confiance, Paul demanda la main d'une de ses parentes, Mlle Mathilde Roquette, dont l'éducation, les principes, les goûts étaient parfaitement conformes aux siens, et qui l'avait frappé par son attitude à l'église et dans les réunions de famille où il l'avait quelquefois rencontrée. Le consentement de la jeune fille et de ses parents ne se fit pas attendre. Elle aussi avait remarqué Paul à la grand'messe de l'église Sainte-Catherine, où il l'avait grandement édifiée par son recueillement, et ce fut avec une joie sans mélange et une parfaite sécurité qu'elle accueillit sa proposition.

Le 25 juillet, Paul lui fut présenté comme son fiancé, et de ce jour même, dès leur premier entretien, leurs deux âmes furent unies pour le temps et pour l'éternité. Il lui parla de ses intentions, de son plan de vie, de son amour du bien avec une gravité sereine et confiante, un accent de foi et un esprit chrétien qui firent sur elle une profonde impression. Elle ne tarda pas à le connaître jusqu'au fond ; il était la franchise même et craignait surtout qu'elle ne connût point ses défauts. Il l'entretenait rarement de bagatelles, mais le plus souvent de choses sérieuses et même de sujets chrétiens. La seconde fois qu'il vint la voir, comme il se promenait avec elle dans le jardin, son bras dans le sien, l'*Angelus* vint à sonner. Elle n'y prenait pas garde; mais lui, fidèle à une habitude qu'il avait depuis longtemps et qu'il conserva toujours, détacha doucement son bras de celui de sa fiancée, fit le signe de la croix et récita l'*Angelus* avec le même recueillement et la même simplicité que s'il se fut trouvé seul devant Dieu. Cette action la toucha vivement et lui inspira pour lui un sentiment de véritable respect.

Quelques jours après ils étaient ensemble; elle travaillait près de lui. Ils venaient de parler de la mort, de ses déchirements, de la douleur, trop connue de lui, de ceux qui survivent, de la peine qu'on éprouve à faire son salut dans l'isolement où nous laisse la perte de nos proches. Tout à coup, Paul lui dit qu'il voulait, en égoïste qu'il était, exiger d'elle une promesse. Elle le regarda étonnée, ne devinant pas ce qu'il voulait dire. Alors il la pria de demander à Dieu avec lui qu'il le retirât le premier de ce monde, ajoutant qu'il y serait trop triste sans elle et qu'il risquerait d'y devenir mauvais. Elle refusa d'abord; puis, réfléchissant que le plus à plaindre est en effet celui qui demeure, elle se rendit à son désir et fit avec lui cette prière, non pas des lèvres, mais du cœur. Depuis, ils renouvelèrent plus d'une fois cette demande au Seigneur, acte de foi et de dévouement héroïque de la part de l'un et de l'autre, Paul demandant à partir le premier, dans la crainte de moins bien servir Dieu, s'il survivait à sa femme, elle, demandant à survivre au plus cher des maris, pour lui épargner et se réserver à elle-même les ineffables douleurs du veuvage!

Paul se disposa au mariage comme à un grand sacrement, chrétiennement, gravement et saintement. Quelques jours avant, il fit une confession générale, « ne voulant pas, dit-il à sa fiancée, apporter ses vieux péchés en ménage. » Ce n'était pas un lourd bagage; mais il en est toujours ainsi. Ce sont les plus purs qui éprouvent le plus le besoin de se purifier.

Le 26 octobre au soir, eut lieu à la mairie de Loos cette formalité préparatoire qu'on appelle si improprement le mariage civil, et le lendemain 27, Paul Bernard et Mathilde Roquette furent mariés par l'abbé Roquette en présence de l'abbé Bernard, et échangèrent devant eux et devant Dieu leurs serments et leurs âmes. Il avait 24 ans, elle en avait 18. Ce Dieu, témoin de leurs promesses, n'était pas seulement présent sur l'autel, il l'était dans leur cœur. Tous deux l'avaient reçu le matin, à côté l'un de l'autre, dans la sainte communion. En sortant de la messe, Paul dit à Mathilde qui avait communié avant lui : « Soyez ainsi toujours la première, et je vous suivrai. » Touchante et aimable parole qui dans sa bouche n'était que l'expression d'une profonde vérité. Il avait compris et il n'oublia jamais que c'est dans l'amour et le baiser de Dieu que se forment, se développent et se consomment toutes les saintes unions.

Pendant toute cette journée, Paul, dont l'âme tendre et pure était faite pour toutes les affections, fut très-impressionné. A la joie qui l'inondait en pensant au présent et à l'avenir, se mêlait un sentiment de tristesse en pensant au passé. Jamais il ne mesura si bien le vide que la mort avait fait autour de lui, et au moment où il voyait se reformer pour lui une famille dont il serait le chef, il regrettait davantage la famille paternelle qui de la terre était allée au ciel. Mais si son père, sa mère et ses quatre sœurs manquaient de corps à ses noces. il savait qu'ils y assistaient d'esprit, que du sein de Dieu ils bénissaient son union; et près de lui, ses frères et ses belles-sœurs souriaient à son bonheur et lui formaient comme un cortége de joie, d'espérance et d'affection.

Après le repas de noces, au moment où l'abbé Bernard, son oncle, allait se retirer, Paul prit sa femme par la main, le suivit avec elle hors du salon, et se mettant à genoux devant lui, lui demanda sa bénédiction. Cette bénédiction sacerdotale et paternelle que tous deux reçurent ainsi à la fin de cette grande journée, ils devaient la recevoir une seconde fois encore et la dernière, dix ans plus tard, quand la mort venait de rompre ou plutôt d'interrompre momentanément leur union. Cette fois Paul était étendu sur son lit, mort depuis deux heures. Ce fut sa femme qui se mit à genoux et qui demanda pour tous deux cette bénédiction suprême, gage de l'union persistante de leurs âmes et de leur réunion future dans l'éternité.

Leur voyage de noces fut parfaitement heureux. En même temps qu'ils visitaient et admiraient des sites et des beautés de la nature qu'ils ne connaissaient pas, ils faisaient chaque jour dans le cœur et l'esprit l'un de l'autre de charmantes découvertes qui les ravissaient d'une pure joie. Mêlant Dieu à toutes choses, ils firent en traversant Lyon et Marseille les pèlerinages de Fourvières et de Notre-Dame-de-la-Garde; ils y demandèrent la bénédiction spéciale de nombreux enfants ,et cette prière, si rare de nos jours, fut pleinement exaucée, car ils en eurent huit en dix ans de mariage. Leur séjour à Nice, but extrême de leur voyage, les enchanta. Ils y faisaient ensemble des excursions à pied, soit au bord de cette mer Méditerranée, bleue comme le ciel d'un jour sans nuage et dont les rivages tranquilles ne connaissent ni flux ni reflux ; soit dans les belles montagnes qui dominent la ville et d'où la vue est incomparable. Parcourir ensemble, au lendemain de ses noces, ces plages charmantes avec les espérances de la jeunesse et de la santé, avec des yeux et un cœur ouverts à toutes les admirations, et cette intime union des âmes qui double les jouissances et les fait remonter jusqu'à Dieu, c'est goûter la vie dans sa pure plénitude et donner à ce jour, plus ou moins long, plus ou moins troublé, qu'on nomme le mariage, une aurore radieuse. Dieu ne refusa point cette joie à Paul et à sa femme, et en vrais chrétiens, ils la lui rendirent en actions de grâces.

Le 4 décembre, il eut la joie non moins vive d'installer à Santes la compagne de sa vie. Santes était pour lui le port, la patrie, la maison dans le sens profond et intime de ce mot; c'était le foyer de famille, le cadre de son tableau, le centre de son existence, hors duquel il ne se sentait pas complétement vivre. Aussi jusqu'à la fin l'aima-t'il de plus en plus. Il l'embellit d'année en année, y attira autant qu'il put ses parents et ceux de sa femme et y pratiqua avec une simplicité qui n'excluait pas la largeur et l'abondance, les devoirs charmants de l'hospitalité.

Hélas! indépendamment des visites de la famille et de l'amitié, Santes ne fut que trop souvent, depuis comme avant son mariage, le but et le lieu de réunions plus douloureuses! Le cimetière de la paroisse était en effet le lieu de sépulture de toute la famille Bernard, et chaque fois que l'un des membres jeunes ou vieux, de cette nombreuse famille venait à mourir, l'église, puis le château, étaient le rendez-vous de tous les survivants. C'était pour Paul un lien de plus qui l'attachait à cette chère résidence. Au château, il se trouvait entouré de ceux qu'il aimait le plus en ce monde; à l'église, il se retrouvait au milieu des dépouilles mortelles de ceux qu'il aimait dans le ciel.

Aux joies d'un mariage vraiment chrétien vinrent bientôt s'ajouter pour lui celles de la paternité. Presque chaque année, sa famille s'accroissait d'un enfant, et tout ce petit peuple de garçons et de filles, nourri du lait maternel, grandissait autour de lui, avec tout le cortége de jouissances, de bonheur simple et profond, mais aussi de préoccupations et d'inquiétudes que les enfants amènent toujours à leur suite. Paul aimait passionnément ses enfants. Se souvenant des joies et des peines de sa propre enfance, il cherchait à leur procurer les unes, à leur épargner les autres, et il trouvait dans son cœur et dans sa foi le moyen de concilier la tendresse la plus vive avec une sévérité nécessaire.

Ce moyen est bien simple, au moins en théorie, c'est de fermer les yeux sur tout ce qui, venant de l'âge, doit nécessairement disparaître avec le temps, et de ne rien laisser passer des fautes qui viennent du cœur et qui, si elles n'étaient réprimées dès l'origine, pourraient devenir le germe d'habitudes vicieuses. Être très-facile pour les légèretés et les étourderies, impitoyable pour ce qui touche au mensonge ou à l'égoïsme, c'était là pour lui le secret de l'éducation. Il y ajoutait ou plutôt il donnait pour fondements premiers à cette éducation intime la foi et la piété qu'on suce avec le lait maternel, qu'on respire avec l'air de la maison, et qui sont comme l'atmosphère où croissent les enfants chrétiens.

Les deux frères aînés de Paul, Alexandre et Georges, venaient tour à tour avec leurs femmes et leurs enfants passer à Santes les six mois de la belle saison. L'intimité de ces trois ménages était complète, et l'on n'imagine guère une existence plus douce, plus simple et plus pure que celle qu'ils menèrent ainsi pendant quelques années. Les peines de Paul, durant cette période la plus heureuse de sa vie, furent de celles dont aucune existence n'est exempte, que le cours de la nature amène et que la foi console. Il vit mourir successivement son grand-père Colombier, Mme Charvet-Barrois, sa grand-mère, et, perte non pas plus sensible mais plus cruelle, parce qu'elle était moins prévue, son beau-père, M. Roquette, qui venait d'être nommé conseiller à la cour de Paris, et qui se réjouissait d'être rapproché par cette nomination de ses deux filles mariées dans le Nord. Les espérances d'une éternité bienheureuse ne manquèrent à aucun de ces départs et en adoucirent la tristesse pour les survivants.

A ses occupations très-actives, soit dans son

ménage, soit dans sa fabrique, Paul ne tarda pas à joindre celle de maire de sa commune. Peu de temps après son mariage, au mois de juillet 1865, il fut nommé à ces fonctions modestes mais utiles, dont l'importance dépend surtout de l'esprit dans lequel on les accepte et on les remplit. Paul fut un vrai maire, c'est-à-dire, malgré sa jeunesse, le conseiller, le guide et le directeur de ses administrés. Il conquit promptement la confiance, l'amitié, le respect de tous, et quand il mourut, sa mort fut pour la commune tout entière un vrai deuil de famille. Toujours parfaitement d'accord avec son curé, qu'il secondait en tout et dont il était secondé, il réalisa dans sa modeste sphère ce problème de l'union de l'Église et de l'État, qui semble insoluble aux politiques, parce que les politiques ne sont ni assez dévoués, ni assez simples, ni assez chrétiens.

Dès le jour de sa nomination de maire, il rêva pour sa commune trois améliorations matérielles peu faciles à réaliser à cause de la dépense qu'elles devaient entraîner. C'était l'achat d'une horloge communale, d'une belle cloche pour l'église et d'un orgue. Grâce à ses démarches, à la bonne administration des deniers de la commune et surtout à sa libéralité personnelle, l'horloge et la cloche furent successivement achetées, et demeurent comme un témoignage de sa bonne administration, pour sonner, l'une les heures du temps, l'autre celles des choses éternelles.

Quant à l'orgue, ce fut lui seul qui en fit tous les frais et qui le donna à sa chère église de Santes trois mois avant de mourir. Ainsi, il quitta la mairie de Santes en quittant ce monde, aussitôt après la réalisation de ses trois vœux; et la cérémonie de ses funérailles fut une des premières où l'on entendit la voix de cet orgue, son rêve longtemps poursuivi et son dernier bienfait.

Un rapide voyage en Allemagne pour y voir et y étudier des machines et des fabriques est le seul évènement un peu extraordinaire que je trouve à noter dans sa paisible existence jusqu'à cette fatale année 1870 qui frappa du même coup l'Église et la France, et qui étonna ceux-là seuls qui ne connaissent ni la logique des choses humaines, ni la justice de Dieu.[1]

Paul n'était pas de ceux-là. Il était trop chrétien, trop dévoué au Saint-Siége et au Souverain-Pontife, pour ne pas redouter depuis longtemps les suites de la politique de l'empire en Italie, et l'annonce de la guerre le remplit d'une véritable terreur. Il en entrevit les conséquences désastreuses pour l'Église abandonnée à la fureur de la rapacité révolutionnaire, pour la France responsable de cet abandon, et n'y pouvant rien directement, il se réfugia dans la prière et dans la charité. Il organisa à Santes une ambulance qui ne servit pas, la guerre n'ayant fait que menacer Lille et ses environs, et il se livra avec un actif dévouement aux devoirs nombreux et difficiles que les circonstances lui imposaient en sa qualité de maire.

Quand l'invasion couvrant le territoire de la France vint à se rapprocher du nord et à menacer les riches campagnes de la Flandre, il envisagea de sang-froid les dangers et les sacrifices qu'elle pouvait lui imposer; il les accepta tous par avance, et telle était, parmi ses préoccupations personnelles, l'ardeur de sa foi et l'énergie de son dévouement catholique, qu'il disait à sa femme avec cet accent de vérité où l'on sentait toute son âme : « Si je voyais la maison et la fabrique en feu, toute notre fortune perdue, et qu'on vînt en même temps m'annoncer que le Saint-Père est libre, je sauterais de joie et toutes ces pertes me deviendraient indifférentes. »

Dieu lui épargna cette épreuve et lui refusa

cette joie. Il vit la France humiliée, ravagée, devenue tour à tour la proie des envahisseurs et des révolutionnaires; il vit Rome tombant au pouvoir des Piémontais le même jour où les Prussiens arrivaient devant Paris; il vit la captivité du Pape au Vatican se prolonger parmi les gémissements et les prières de l'Église universelle, et il mourut avant l'heure encore inconnue de la délivrance.

S'il n'eut pas la douleur de voir l'ennemi envahir et occuper sa maison, il eut celle de le rencontrer sur sa route, quand au mois de mai 1871, après la conclusion de la paix, il alla dans l'Aveyron chercher sa belle-mère et ses belles-sœurs pour les ramener près de sa femme. C'était une rude et difficile entreprise que de traverser la France du nord au midi, au milieu des ruines encore fumantes causées par l'invasion, des traces de la guerre, des chemins de fer à peine réparés et de ce désordre général semblable à celui qui suit les grands bouleversements de la nature. A Amiens, où il déjeunait à la gare en attendant le départ du train, il aperçut pour la première fois les Prussiens. Cette vue lui fit une telle impression qu'il fondit en larmes et ne put continuer son repas.

Une émotion plus poignante encore l'attendait

au retour du midi. En passant près des murs de Paris, le 25 mai, au moment où la Commune agonisait dans le crime et dans le sang, il vit les flammes de nos monuments incendiés par les insurgés aux abois. La révolution achevait ainsi l'œuvre de destruction et de déshonneur commencée par la guerre. Il n'avait pas besoin de ce spectacle et de cette leçon pour la maudire ; car il la connaissait et la détestait de tout son cœur. Mais il revint à Lille l'âme désolée, et ce ne fut pas trop pour chasser cette impression que la vue et l'accueil de tous les siens, le retour à son cher foyer, et la joie de sa femme retrouvant et embrassant sa mère et ses sœurs avec les transports des naufragés qui se retrouvent sains et saufs après une effroyable tempête.

Paul avait toujours été royaliste. Il ne l'eût pas été qu'il le fût devenu à l'aspect des Prussiens envahissant la France après le second comme après le premier empire, à l'aspect de la capitale incendiée par les républicains. Il le devint davantage encore, sinon d'esprit, du moins de cœur, quand il lui eut été donné de voir le descendant d'Henri IV et le petit-fils de saint Louis. Il le vit deux fois, d'abord à Bruges, le 17 juillet 1871, puis l'année suivante à Anvers.

Quand il se trouva en présence du noble héritier de tant de rois, il fut tellement ému qu'il se mit à sangloter. Le prince fut pour lui et les siens d'une bonté charmante. Il caressa son fils aîné Jules que Paul avait amené avec lui, et dit en souriant : « Quel gentil petit garçon ! » Paul fut très-fier de cette caresse royale, et de retour à Santes il dit plus d'une fois à son fils en plaisantant que, si après cela il n'était pas royaliste pour toute sa vie, il méritait d'être pendu.

Au retour de cette visite à Anvers, Paul tomba avec sa femme et son fils au milieu de cet ignoble guet-apens dont on a tant parlé, et qui restera comme un des hauts faits d'armes de la vaillance révolutionnaire. Il demeura parfaitement calme parmi les outrages et les menaces, bien qu'il eût à craindre pour d'autres que pour lui-même. S'il eût été seul, on aurait eu bien de la peine à l'empêcher de se servir du droit de légitime défense, et il eût usé avec enthousiasme du bâton ou même du revolver.

Deux événements heureux marquèrent pour lui et les siens cette même année 1872. Au mois d'avril, son frère Georges épousa sa belle-sœur en laquelle il retrouvait sa chère Pauline partie pour le ciel deux ans auparavant. Cette union qui lui refaisait un intérieur, rendit une vraie mère à ses deux enfants. Au mois de septembre, la famille de Paul s'accrut, non plus d'une nouvelle belle-sœur, mais de deux jumelles qui surprirent, comme toujours, les parents peu préparés à cette double bénédiction. Paul les accueillit non-seulement avec résignation, mais avec une bonne humeur et une joie parfaites. Il était ravi de cette libéralité de la Providence et en témoignait tant d'allégresse, que lorsqu'on lui demandait de ses nouvelles, on disait : « Paul a-t-il fini de rire ? » Jusqu'à sa mort qui suivit de moins de deux ans leur naissance, il s'amusa fort de ces deux petites filles toutes pareilles, qui partageaient le même lait et qu'il se plaisait à voir portées sur les bras de leur mère.

L'année 1873, la dernière dont Paul devait voir la fin, fut pour lui comme une année de préparation à la mort par un grand acte de foi et par une grande douleur. L'acte de foi fut le pèlerinage à Paray-le-Monial, la grande douleur fut la mort de son frère Alexandre.

Depuis que la dévotion des pèlerinages née de nos malheurs, avait, comme un souffle de vie, passé sur la France, Paul s'était senti porté, comme tous les vrais catholiques, à participer à ce grand et salutaire mouvement. D'un bout de la France à l'autre, on s'assemblait, on courait aux sanctuaires témoins des prodiges de la miséricorde divine, et jamais, depuis les croisades, on n'avait vu pareil élan dans le monde chrétien. Le chant des cantiques, les prières publiques des pèlerins, montaient de toutes parts vers le ciel, étonnant les populations, étouffant les chants de la *Marseillaise* et la voix des blasphèmes, et l'espérance presque morte renaissait aux accents d'une foi si vivante et si communicative.

Parmi ces pèlerinages qui furent un des grands événements publics des années 1872 et 1873, deux particulièrement attiraient et attirent encore des multitudes innombrables de fidèles, le sanctuaire de Lourdes où la Vierge immaculée multiplie les guérisons miraculeuses, et celui de Paray-le-Monial où Notre-Seigneur avait révélé à la bienheureuse Marguerite-Marie le divin mystère de son Sacré-Cœur.

Paul désirait ardemment se joindre aux catholiques de Lille qui devaient traverser la France entière et retrouver à Lourdes les cent mille pèlerins qui s'y étaient donné rendez-vous pour le 6 octobre 1872, jour de la fête du Saint-Rosaire.

Mais il en fut empêché par la naissance de ses jumelles et il dut attendre une autre occasion. Le grand pèlerinage national du mois de juin 1873 à Paray-le-Monial la lui fournit.

Il semble, d'après les paroles divines adressées par Notre-Seigneur à la bienheureuse Marguerite-Marie que c'est au développement de la dévotion du Sacré-Cœur, à l'établissement officiel de son culte, à la consécration de la France à cet admirable mystère, qu'est attaché le salut de notre malheureuse patrie.

Le mois de juin 1873 étant le deux-centième anniversaire de la première apparition du Sauveur à la Bienheureuse, on comprend quel élan d'espérance, quel enthousiasme de foi, portèrent les âmes catholiques vers Paray-le-Monial pendant toute la durée de ce mois et spécialement le 20 juin, jour de la fête du Sacré-Cœur.

Lille, cité de la Vierge, qui compte encore tant de cœurs vraiment chrétiens, et qui donne au monde de si grands exemples de charité, ne pouvait rester en dehors de ce mouvement religieux, et des pélerins plus nombreux encore que ceux de Lourdes partirent le 18 juin pour le sanctuaire de Paray-le-Monial. Parmi ces pèlerins se trouvaient

Paul Bernard et son frère Alexandre, qui, bien que déjà fort souffrant, avait voulu prendre sa part de cette solennelle manifestation.

Paul se prépara à ce pèlerinage en fervent chrétien. Il s'approcha des sacrements avant de partir, sachant que Jésus-Christ est la voie comme la vie, et que c'est par lui seul qu'on va à lui. Il partit par un autre train que son frère, et par une chance providentielle, le rencontra à Paris, devant l'église Notre-Dame-des-Victoires. A ce moment, Paul fatigué par la chaleur, indisposé et désorienté, se trouvait dans une pénible situation d'esprit et de corps, et soupirait après la joie, un moment voilée, qu'il avait éprouvée au départ, quand tout à coup il aperçut son frère portant l'image du Sacré-Cœur sur sa poitrine et marchant la tête si haute, d'un pas si fier, au milieu de la foule étonnée, que cette vue lui rendit à l'instant toute son énergie et son allégresse. Elle lui inspira aussi pour son frère un sentiment de respect, je pourrais dire de vénération, que la sainte mort d'Alexandre devait bientôt augmenter encore.

Les deux frères ne se quittèrent plus pendant toute la durée du pèlerinage. Ils communièrent à Paray-le-Monial avec une foi si vive, une piété si touchante, qu'elles furent remarquées de leurs compagnons et devinrent pour plusieurs un nouveau sujet d'édification. Paul revint enthousiasmé. La cordialité des pèlerins entre eux, leur foule innombrable, leur piété sans pareille, l'absence de tout respect humain, les chants des cantiques en chemin de fer, dans les gares, par les rues de la ville, les processions, les bannières parmi lesquelles se détachaient celle de l'Alsace-Lorraine voilée d'un crêpe, et celle des zouaves de Charrette teinte du sang de ses héroïques défenseurs, tout cela l'avait si profondément ému qu'il se croyait transporté dans un autre monde, et qu'il n'en pouvait parler que les larmes aux yeux. Sur le journal où il inscrivait brièvement chaque soir les événements de la journée, ce pèlerinage est mentionné en grosses lettres et suivi de ces deux seuls mots : *Vivat Christus !* Ce cri de foi, d'amour et de triomphe résumait admirablement l'impression que cette grande manifestation a laissée à tous ceux qui ont eu le bonheur d'y prendre part.

Depuis ce jour Paul, déjà si fervent chrétien, devint plus fervent encore et fit de visibles progrès dans la vertu et la piété. Il donna une preuve admirable de sa foi le jour même de son retour à

Santes. C'était le dimanche 22 juin, jour de l'Octave de la Fête-Dieu. Au moment de son arrivée, la procession du Saint-Sacrement parcourait le village, suivie de la foule recueillie des paroissiens. Malgré la fatigue extrême d'un long et pénible voyage par une chaleur ardente qui l'avait épuisé, il alla à la rencontre du Saint-Sacrement sans avoir pris un moment de repos, se mit à deux genoux sur la terre devant le corps sacré de Jésus-Christ, et suivit la procession jusqu'à l'église avec une telle dévotion que tous les assistants en furent frappés. Son respect, son amour pour le Saint-Sacrement devinrent dès lors non pas plus grands peut-être, mais plus expansifs. Il ne passait jamais devant le tabernacle où réside le Saint des Saints, sans faire une génuflexion profonde comme font les religieux, et on le vit multiplier le nombre de ses communions.

Aux œuvres de foi, il unissait depuis longtemps et il unit de plus en plus les œuvres de charité. Non content de soulager les pauvres, de leur donner le pain qui soutient le corps et l'aumône plus rare et plus douce encore de ses bonnes paroles et de son aimable accueil, il s'occupait avec ses frères de la fondation d'un patronage pour les garçons du village. Huit jours après son retour de Paray-le-Monial, eut lieu l'ouverture de cet utile établissement préparé de longue main et que devaient diriger les frères Maristes, instituteurs de Santes. Ce fut une fête pour la paroisse tout entière, et Paul, en sa qualité de maire, de fondateur et de chrétien, y présida avec une grande joie. Il veilla à l'installation des jeux destinés à occuper agréablement les enfants pendant le loisir des dimanches et des fêtes et à les préserver ainsi des dangers et des tentations du cabaret, et il s'occupa de cette œuvre avec amour jusqu'à la fin de sa vie.

Heureuses les communes, comme celles de Santes, où, grâce au dévouement traditionnel d'une riche et pieuse famille, les jeunes filles sont élevées par des sœurs, les garçons par des frères, et où les jeunes gens des deux sexes trouvent, de part et d'autre, dans des patronages chrétiens des plaisirs sans danger et des amusements sans remords ! Heureuses aussi les paroisses qui, auprès d'un administrateur dévoué et chrétien, ont un pasteur selon le cœur de Dieu ! La paroisse de Santes connaissait ce bonheur depuis bien des années. Elle le vit se renouveler à cette même époque, par l'installation d'un nouveau curé, en remplacement de l'ancien, forcé par les infirmités et par l'âge de se retirer du ministère actif.

La joie de Paul fut extrême en recevant le saint prêtre qui devait désormais être son curé. Du premier coup-d'œil il le comprit, il l'aima, et plus il le connut, plus il sentit croître son respect et son attachement pour lui. Le jour de son installation officielle, Paul était si heureux de la réception chaleureuse faite par les habitants de Santes à leur nouveau pasteur, que son visage rayonnait, et que beaucoup de personnes du village en voyant un an plus tard le portrait fait de souvenir après sa mort, disaient avec un soupir : « Ah! c'est le jour de l'arrivée de M. le curé qu'il eût fallu faire le portrait de M. Paul! Jamais il n'a été si beau que ce jour-là! »

Peu de temps après, le 18 août, Paul se rendit avec son frère Georges au pèlerinage de Notre-Dame-de-Grâce, à Cambrai. L'archevêque avait désiré donner à cette fête une grande solennité, et de tous les points du diocèse les populations avaient répondu avec empressement à son appel. La foule était immense et l'enthousiasme universel. Paul et son frère, participant à l'allégresse de tous, portaient une bannière avec laquelle ils devaient prendre place sur l'estrade où l'archevêque se tenait debout prêt à bénir le peuple, entouré d'un nombreux clergé et des premiers notables du diocèse.

Au moment où ils y posaient le pied, l'estrade mal construite ou trop chargée de monde, s'écroula tout à coup avec un grand fracas, entraînant dans sa chute le saint prélat et tous ceux qui l'environnaient. Il y eut dans la foule un cri d'effroi suivi d'un moment de terreur et de silence indicible, puis une explosion de joie et d'actions de grâces quand on sut que le pontife était sain et sauf et qu'aucun assistant n'était mortellement blessé.

La personne la plus gravement atteinte fut le vénérable M. Kolb-Bernard, le doyen et l'honneur de la députation du Nord, le président-général des conférences de Saint-Vincent-de-Paul du diocèse, une des plus pures illustrations de la ville de Lille, qui eut la jambe cassée, et à qui Dieu envoya sans doute cette épreuve comme au plus digne. Quant à Paul et à son frère, ils ne furent atteints que par la poussière de cet écroulement, et remercièrent la Sainte-Vierge qui les avait si visiblement protégés.

A peine de retour à Santes, ils commencèrent

à concevoir des inquiétudes sérieuses sur la santé de leur frère aîné, Alexandre, qui avait dû partir pour Vichy dans les premiers jours d'août, peu de semaines après son pèlerinage à Paray-le-Monial. La maladie et la mort presque foudroyante de ce frère si tendrement aimé et si digne de l'être, allaient jeter encore une fois dans le deuil cette famille si parfaite et si éprouvée déjà. Nul ne ressentit plus que Paul l'étendue de cette perte, car nul ne chérissait davantage Alexandre, le guide, l'exemple et le compagnon de toute sa vie. Je ne sortirai donc nullement de mon sujet en rappelant brièvement les qualités, les vertus de ce parfait chrétien et en racontant avec quelques détails ses derniers jours et sa mort dont Paul fut le témoin désolé et attendri.

Il y avait beaucoup de rapports entre le caractère comme dans l'existence de ces deux frères, qui l'un et l'autre moururent bien avant l'âge, laissant de nombreux enfants et des veuves dignes de les pleurer et de les suppléer en ce monde. Comme Paul, Alexandre avait eu une jeunesse austère, irréprochable et chrétienne. Sous une apparence un peu rude, il cachait une âme profondément tendre et dévouée et une délicatesse exquise de sentiments. Il ne se prodiguait pas, mais quand il donnait son affection à quelqu'un, c'était pour tout de bon et pour toujours.

Excellent mari et excellent père, il consacrait à ses enfants une grande partie de son temps libre, et se plaisait à emmener l'aîné dans presque toutes ses promenades aux environs de la ville. Il s'occupait aussi beaucoup des plus jeunes, se faisait aimer et obéir d'une manière peu commune, et avait su, dès leur petite enfance, leur inspirer pour son autorité un respect qui n'excluait nullement la confiance. Il cherchait dès lors à leur inculquer l'amour du devoir et de la vérité, vertus qu'il pratiquait lui-même à un si haut degré qu'il ne reculait devant aucune difficulté pour l'accomplissement d'un devoir, et qu'il ne se permettait jamais d'exprimer une pensée contraire à son sentiment.

Il aimait particulièrement les pauvres, tenait à les secourir largement et n'hésitait jamais à contribuer à toutes les œuvres de foi ou de charité. Son principe en fait d'aumônes était « qu'on ne donne jamais trop » ; tout calcul lui semblait déplacé quand il s'agissait d'un secours à apporter, d'une bonne œuvre à favoriser, et il voulait même ignorer ce qu'il donnait. Membre assidu de la conférence de Saint-Vincent-de-Paul de sa paroisse, il ne négligeait jamais ses pauvres, et quand il devait s'absenter, il pourvoyait aux inconvénients de son absence par des largesses plus grandes et des recommandations spéciales en leur faveur.

Depuis une fièvre typhoïde qu'il avait contractée à la suite d'un voyage à Rome, il était resté délicat de santé et souffrait de la maladie qui finit par l'emporter. Il dut se soumettre à des privations et à des souffrances fréquentes qu'il supportait avec une résignation admirable. Sa foi était profonde, sa piété sincère. Il s'approchait souvent des sacrements, y apportait un respect presque craintif et s'y préparait avec un soin scrupuleux qui leur faisait produire des fruits abondants de grâce et de salut. Tous les jours il assistait à la messe et tenait essentiellement à suivre les offices de sa paroisse le dimanche. Chaque jour aussi après la prière qu'il disait avec sa femme, il priait spécialement pour ses parents morts, pour les personnes et les choses qui l'intéressaient particulièrement.

Son grand respect pour l'Église lui en faisait pratiquer toutes les ordonnances avec une rigueur souvent exagérée. C'est ainsi que, malgré le mauvais état de sa santé et les prescriptions de son médecin, il jeûnait pendant tout le carême, sans consentir à aucun adoucissement. La dernière année de sa vie, quoique déjà bien affaibli, il ne voulut point déroger à cette règle inflexible, et ce pieux excès, admirable dans son principe, contribua certainement à la crise finale qui l'emporta.

Comme Paul, il trouva à Paray-le-Monial d'immenses consolations spirituelles, et il reçut en ce sanctuaire béni un accroissement de dévotion et de grâces, qui lui fut comme une préparation à sa mort arrivée près de trois mois après.

Son état de santé empirant toujours, il consentit enfin à se soigner sérieusement, et, cédant aux instances des médecins et de sa famille, il partit pour Vichy, malgré sa vive répugnance et une sorte de pressentiment instinctif qui l'en détournait. Sa femme, sur le point d'accoucher, ne put l'accompagner, et peu de jours après son départ lui donna une petite fille qu'il put à peine entrevoir avant de mourir. Le séjour d'Alexandre à Vichy fut pénible ; il y sentait chaque jour diminuer ses forces. Les eaux, administrées sans ménagement et sans prudence, étaient trop fortes pour lui, et au lieu de lui rendre la santé, elles lui donnèrent la mort. Dès la fin d'août ses jambes commencèrent à enfler et l'appauvrissement du sang se manifesta par divers symptômes inquiétants. Il partit à la hâte et revint à Lille le 1er septembre.

Pendant les deux premiers jours le mal parut s'arrêter. Il embrassa avec amour sa nouvelle petite fille, âgée de trois semaines, née pendant son absence, distribua à ses enfants les petits souvenirs qu'il leur avait apportés de Vichy et trouva encore la force d'aller visiter les travaux de construction d'une maison qu'il faisait bâtir; ce fut sa dernière sortie. Dès le 3, le mal reparut avec une telle violence que le médecin déclara son état des plus graves, sinon désespéré. L'oppression causée par l'hydropisie augmentait d'heure en heure; pendant la nuit, il accepta les soins assidus de sa femme qu'il avait repoussés jusque là, dans la crainte de la fatiguer, et se prépara dès lors à la visite du père Vauthier, son confesseur et son ami.

Le vendredi 5, son état s'aggravant toujours, sa femme lui proposa de recevoir les derniers sacrements. Il fut d'abord étonné et répondit qu'il n'était pas prêt; mais quelques instants après, il ajouta : « Tu as raison, les médecins le disent toujours trop tard. » La cérémonie eut lieu à trois heures. Il s'y prépara par un tel recueillement qu'il paraissait ne plus souffrir. Il vit entrer le Saint-Sacrement dans sa chambre avec une émotion profonde et le reçut ainsi que l'Extrême-Onction avec des larmes d'attendrissement. Le bon Dieu l'assistait visiblement et lui donnait un calme et une force contre la souffrance qui lui permettaient d'être tout à la grande action qu'il accomplissait.

Paul était depuis deux jours au comble de l'inquiétude et de la désolation. Le matin il était allé communier pour son frère et avait sanglotté tout le temps de la messe. Il avait proposé à sa belle-sœur et promis avec elle un pèlerinage à Notre-Dame de Lourdes si leur cher malade revenait à la santé. Un moment ce vœu parut exaucé. La nuit qui suivit la réception du divin Sacrement fut beaucoup meilleure, et le lendemain matin Alexandre se trouvait tellement mieux qu'on put le croire en convalescence. Il le croyait lui-même, remerciait ses frères avec une tendre reconnaissance, s'inquiétait de la fatigue de sa femme et lui demandait en grâce de se reposer. Paul, tout joyeux, disait déjà : « Eh bien ! ma sœur, faisons nos paquets pour Lourdes ! »

Hélas ! c'était une fausse espérance ! Dès le samedi soir, l'oppression revint plus forte que jamais, la nuit et la journée du dimanche furent affreuses, et Paul qui revint vers quatre heures fut si frappé de son changement qu'il redescendit en sanglotant et dit à un ami que son frère était perdu.

Vers six heures du soir les souffrances devinrent excessives. Une sueur froide s'empara d'Alexandre, ses yeux devinrent fixes, et les angoisses de la mort commencèrent. Dieu voulant accroître encore ses mérites et faire ressortir sa foi et sa force d'âme, prolongea de plus de deux jours son agonie et permit qu'il fût assailli de tristesses et de terreurs que rien dans son passé ne motivait. La soumission de son esprit était telle que dans ses tentations un mot de son confesseur suffisait pour le calmer, et qu'il lui demandait s'il pouvait désirer de mourir pour voir arriver la fin de ses souffrances.

Depuis le dimanche soir, le père Vauthier ne le quitta presque plus; il l'aida et l'encouragea avec un dévouement et une efficacité qui adoucirent les derniers moments d'Alexandre pour lui-même et pour tous.

La nuit du dimanche au lundi fut horrible. Les suffocations étaient si violentes qu'on s'attendait d'une minute à l'autre à le voir expirer. Ses frères Georges et Paul lui furent d'un grand secours. Ils passèrent la nuit tout entière à le soutenir, à le soulager avec une affection désespérée dont Alexandre leur exprimait à chaque instant sa reconnaissance. Il leur disait les choses les plus édifiantes et en même temps les plus déchirantes, leur faisait ses adieux, leur recommandait sa femme et offrait de grand cœur à Dieu le sacrifice de sa vie.

Le lendemain lundi, vers une heure, l'abbé Charles, son plus jeune frère, arriva près de lui et ne le quitta plus jusqu'à la fin. Sa présence fut pour le mourant une suprême et précieuse consolation. Alexandre donna sa bénédiction à ses enfants et fit aux plus grands des recommandations particulières. Il témoigna à sa femme le désir qu'ils fussent toujours élevés avec la plus grande simplicité, et lui recommanda très-instamment ses pauvres.

Bien qu'il se fût confessé plusieurs fois depuis sa maladie, il voulut faire une confession générale. Après quoi, ses oppressions commencèrent à diminuer, et il put supporter son lit. La lutte était terminée, et ses dernières heures furent presque exemptes de souffrances. Dès lors aussi, ses idées furent parfois moins nettes. Ne souffrant plus, il se croyait guéri, et voyant sa femme pleurer, il s'étonnait, et lui reprochait de manquer de confiance en Dieu. Cependant le mardi matin, l'abbé Bernard, son oncle, étant venu le voir, fut frappé de la lucidité de son esprit et grandement édifié de ses sentiments si chrétiens.

Un peu plus tard, son frère Charles lui proposa de s'unir à une neuvaine au Sacré-Cœur; il en parut étonné, ne se rendant plus compte qu'il était trop malade pour pouvoir être guéri autrement que par un miracle. Il y accéda cependant volontiers; l'image du Sacré-Cœur fut placée devant lui; il y portait souvent les yeux, et souvent aussi il baisait la relique de la vraie Croix. A tout moment, il répétait les noms de Jésus, Marie, Joseph, ou quelque autre invocation.

La nuit suivante, la dernière de sa vie, il eut parfois du délire, quoique reconnaissant parfaitement tous les siens. Il voulait se lever, demandait des livres, du papier pour écrire. Le mercredi matin, 10 septembre, vers dix heures, comme cette agitation recommençait, Paul qui ne le quittait pas, lui proposa pour le calmer de réciter une dizaine de chapelet. Il y consentit et y répondit parfaitement d'une voix claire et forte. Ce furent ses dernières paroles. Quelques instants après il entra en agonie. Le Père Vauthier essaya en vain de lui faire répéter quelques invocations, et à dix heures vingt minutes , Alexandre rendit le dernier soupir, entouré de tous ses frères et sœurs, la main dans la main de sa femme. Il n'avait pas quarante ans, et l'aîné de ses enfants en avait à peine dix!

Je ne dirai point la douleur de Paul en perdant ce frère pour lequel sa tendresse égalait sa vénération. Cette mort si prématurée, si inattendue, qui brisait tant de cœurs, brisa le sien jusque dans ses intimes profondeurs et y rouvrit toutes les vieilles blessures que le temps avait cicatrisées. Il lui fallut cependant maîtriser la violence de son chagrin, comme il convient à un homme et à un chrétien, pour rendre les derniers devoirs à ce frère bien-aimé, lui préparer à Santes sa place funéraire auprès de la dépouille déjà desséchée de ses parents, et soutenir de ses paroles et de son exemple le courage de sa malheureuse jeune veuve. Paul ne manqua à aucun de ces devoirs. Il présida avec ses deux frères aux funérailles et à l'enterrement d'Alexandre, recueillit chez lui une partie des pauvres orphelins, trop jeunes encore pour supporter longtemps le spectacle d'une violente douleur, et sembla reporter sur sa belle-sœur qu'il aimait déjà profondément toute sa tendresse pour son frère défunt. Ce que ses soins et son affection fraternelle apportèrent à la veuve d'Alexandre de soulagement et de consolation dans son inconsolable peine, elle seule, après Dieu, le sait et le pourrait dire. Hélas! qui lui eût dit que six mois plus tard, elle rendrait à la veuve de Paul l'assistance qu'elle recevait alors de lui, et que les deux frères se rejoindraient sitôt dans la tombe et dans l'éternité! Ce sont les mystères de la justice de Dieu et aussi de sa miséricorde; car ces coups si terribles à la nature humaine font des bienheureux au ciel, s'ils font des veuves et des orphelins sur la terre. Et d'ailleurs qui pourrait mesurer et compter les grâces qu'apportent et qu'envoient du haut du ciel d'aussi saintes morts à ceux qui demeurent ici-bas?

L'hiver se passa pour Paul plus éloigné encore des vanités du monde que les précédents. Il se renferma de plus en plus dans sa vie de famille, dans l'affection de quelques vrais amis, dans son travail et dans tous ses devoirs. Il se rapprocha de plus près encore du cœur de Dieu par de plus ardentes prières, par de plus fréquentes communions, par un amour plus épuré et plus crucifié de Notre-Seigneur Jésus-Christ. La seule distraction, la seule fête qui rompît pour lui la douce et austère uniformité de ce dernier hiver fut l'inauguration de l'orgue de Santes qui eut lieu au commencement du mois de décembre. Paul aimait beaucoup la musique, surtout la musique d'église, la seule qu'il pût habituellement entendre; sous ce rapport, il avait eu plus d'une fois à souffrir à Santes, et pendant les trois derniers mois de sa vie, il goûta, en assistant aux offices religieux de sa chère paroisse, des jouissances dont il avait été privé jusque-là.

En même temps qu'il redoublait de dévotion, il redoublait de charité, accord fort naturel, l'amour de Dieu et celui des hommes n'étant, d'après la parole du Sauveur, qu'un seul et même amour. J'ai déjà parlé de sa bonté, de sa libéralité pour les pauvres, et je n'aurais guère qu'à répéter ici ce que j'ai dit tout à l'heure de son frère Alexandre. Comme lui, il ne refusait jamais une aumône, savait toujours l'assaisonner d'une bonne parole; comme lui, il ne comptait pas quand il s'agissait de donner, et disait à sa femme presque dans les mêmes termes que son frère : « Mets-toi bien dans l'esprit que tu ne donneras jamais trop. »

Il était particulièrement bon et charitable pour ses ouvriers qu'il considérait comme une extension de sa famille. Il ne leur refusait jamais un avis, un conseil, une entremise dans quelque affaire que ce fût, et souvent une aide pécuniaire. Il ne négligeait rien de ce qui pouvait leur épargner de la peine, allait les voir quand ils étaient malades, et donnait largement ce qui leur était nécessaire. Aussi plus d'une fois après sa mort sa veuve trouva-t-elle quelque vieil ouvrier pleurant sur sa tombe.

Il était généreux pour les œuvres de foi comme pour les œuvres de charité. Il donnait largement et volontiers pour l'église et la dignité du culte; l'idée qu'il manquait quelque chose à l'honneur dû au Saint-Sacrement résidant dans le tabernacle, que tout n'était point parfaitement convenable dans la maison de Dieu, lui était insupportable, et quand il s'en apercevait, il voulait qu'on y remédiât sans retard. Telle était la vivacité de sa foi et de son amour pour la sainte Eucharistie qu'ayant lu dans un journal, au temps de la Commune, que des misérables s'étaient emparés dans une église de Paris des hosties consacrées et les avaient odieusement profanées, il fondit en larmes et cacha sa tête dans ses mains. Quand il entendait blasphémer, il était bouleversé et ne manquait jamais de dire mentalement une prière en réparation de l'insulte faite à la majesté de Dieu. Aussi donnait-il sans compter pour toutes les œuvres catholiques, spécialement pour le denier de Saint-Pierre. Jamais il ne répondit par un refus à une demande de ce genre, et il aura certainement trouvé en arrivant au ciel un riche trésor formé de ses aumônes et de sa charité.

Comme il était charitable, il était libéral; il pratiquait avec une simplicité pleine de largeur l'aimable et grande vertu d'hospitalité; il trouvait toujours de la place, soit à sa table, soit sous son toit, pour recevoir ses nombreux parents et ses amis, et quelqu'un des hôtes de Santes ayant dit un jour devant lui : « Oh! ici, c'est la maison paternelle de tout le monde! » Paul enchanté se tourna vers sa femme et lui dit en riant : « Tu entends, ma femme? Il faudra qu'il en soit toujours ainsi. »

Il avait un grand sentiment de sa responsabilité, comme père de famille, chef d'industrie et maire de sa commune. Il tenait rigoureusement à l'observation stricte du dimanche et ne tolérait pas chez lui la moindre infraction à cette loi, base fondamentale de la vie religieuse et de la vie de famille. Pour donner l'exemple à tous, il se faisait une loi d'assister le dimanche à tous les offices de sa paroisse, spécialement aux vêpres dont tant de personnes même pieuses se dispensent trop facilement. Pendant les dix années qu'il vécut à Santes, il n'y manqua point une seule fois sans une absolue nécessité.

Parfaitement exact dans l'accomplissement de ses devoirs de piété et de ses pratiques de dévotion, il disait tous les jours avec sa femme le chapelet et les litanies de Saint-Joseph. Chaque jour aussi, il lisait un chapitre de l'*Imitation*. La dernière fois qu'il fit cette lecture, le vendredi 13 mars, jour où commença sa maladie, il lut le chapitre XXV du Ier livre, qui commence ainsi : « Ayez de l'ardeur pour votre avancement, parce que vous recevrez bientôt la récompense de vos travaux, et qu'alors vous serez insensible à la crainte et à la douleur. » Quand on connaît sa vie, il est permis de croire que cette parole prophétique s'accomplit tout entière pour lui, et que la paix des bienheureux lui fut, en effet, donnée à l'instant même où il entra dans l'éternité.

Un dernier trait achèvera de peindre la parfaite délicatesse de sa conscience et l'élévation de son âme. Comme tous les parents qui aiment leurs enfants, il était fier des siens, il se sentait naturellement porté à vanter leur gentillesse, leur intelligence et leurs qualités; mais il luttait contre ce penchant dans lequel il craignait de laisser entrer quelque vanité, et il était modeste pour ses enfants comme pour lui-même. Un jour qu'il devait avoir à dîner quelques personnes auxquelles il se faisait une fête de montrer sa petite Cécile, sa fille aînée, sa femme lui proposa de l'envoyer à Lille pour tenir compagnie à sa plus jeune tante qui était souffrante. Paul fit à l'instant son sacrifice, et répondit sans hésiter : « Il y a à choisir entre la vanité et la charité; envoie-la tout de suite. » Si je ne me trompe, il y a dans ce petit trait l'indice d'un grande vertu.

Une de ses dernières occupations fut la révision scrupuleuse de sa bibliothèque, comme s'il se fût attendu à quitter bientôt ce monde. Il employa beaucoup de temps à cette délicate besogne, sacrifiant sans hésitation tout ce qui lui semblait tant soit peu répréhensible au point de vue de la morale ou des principes, et n'épargnant point des livres, inoffensifs aux yeux de bien des chrétiens moins scrupuleux, mais suspects aux siens, quoique dans le nombre il y en eût quelques-uns auxquels il tenait beaucoup. Mais quand il s'agissait d'un devoir à remplir, il n'hésitait jamais, et en accomplissant ce sacrifice, il disait à sa femme qu'il ne voulait pas laisser la gale chez lui pour ses enfants.

Le 2 mars 1874, le gouvernement le confirma dans ses fonctions de maire. A cette occasion, il alla communier à l'église de Santes; ce fut sa dernière communion. Il partit pour Paris deux ou trois jours après, pour un voyage d'affaires, et en revint un peu souffrant de rhumatisme. Le jeudi 12, il faisait un temps affreux, du froid, de la neige. Malgré les instances de sa femme, il voulut aller chasser au marais; c'est là sans doute qu'il prit le germe de la mort. Il revint de la chasse gai, se sentant bien portant, débarrassé de son rhumatisme, et le soir il se félicita à plusieurs reprises d'avoir suivi son instinct au lieu de celui de sa femme. La nuit fut bonne; mais le lendemain matin, vers neuf heures, il se plaignit d'un bourdonnement dans l'oreille; en peu de temps, ce devint une douleur très-vive. Dès ce premier moment, sa femme fut atteinte d'une inquiétude inexplicable, quoique trop motivée. Les yeux de Paul avaient quelque chose de vitreux. Lui d'ordinaire si impatient de guérir quand il avait quelque misère, était abattu, tranquille et gardait le silence. Quand sa femme le plaignait, il se contentait de lui répondre doucement : « Il faut bien se résigner puisque Dieu le veut! » ou bien : « Tant mieux, d'avoir quelque chose à offrir au bon Dieu! » Ce soir-là, il se coucha vers cinq heures, et grâce à quelques remèdes, le mal d'oreilles diminua : il n'avait ni fièvre, ni mal de tête, il dormit bien la nuit, et le lendemain matin l'abcès ayant percé, il se crut guéri. Il se leva, s'habilla et descendit au salon. Il ne voulait rien prendre, parce que les aliments de carême le dégoûtaient et qu'il ne se croyait pas assez malade pour se permettre autre chose. Cependant, sur les instances et l'ordonnance formelle de la sœur des malades que sa femme avait fait appeler, il se décida à prendre un peu de bouillon et un œuf. Après quoi il sortit et fit quelques pas de promenade. Mais il rendra bientôt, tant il se sentait mal à l'aise, et remonta se coucher vers cinq heures, comme la veille. Au commencement de la nuit, il dormit tranquillement, puis il se réveilla vers onze heures, fort agité, souffrant de la tête; son mal d'oreille était revenu et beaucoup plus profondément que la première fois.

Sa femme, quoique obligée à beaucoup de ménagements par l'état de sa santé, se leva pour lui préparer des synapismes et chercher à le soulager. Il protesta bien un peu et voulait qu'elle se recouchât, mais il le voulait faiblement, ce qui était mauvais signe; car, s'oubliant toujours d'habitude, il fallait qu'il se sentît bien souffrant pour consentir à la laisser ainsi se fatiguer après lui.

Le dimanche matin, le mal de tête augmentant toujours, elle fit chercher le médecin, mais comme il fallut attendre que les domestiques fussent revenus de la messe pour les envoyer à Loos, le médecin ne vint que vers une heure. Il ne trouva aucune fièvre, aucune maladie déclarée, mais divers symptômes lui faisant craindre une méningite, il ordonna quelques remèdes préservatifs et notamment des sangsues. Mathilde l'accompagna jusqu'à la porte de la maison.

Quand elle remonta près de son mari, elle fut épouvantée de son changement. Il avait la figure blême, les yeux fixes et hors de la tête. Le mal qui couvait sourdement depuis deux jours venait d'éclater avec une terrible violence. « Je suis très-mal, n'est-ce pas? » lui dit-il. — Elle lui répondit que non, que le médecin n'avait rien dit de pareil. Les sangsues arrivèrent; elle les lui appliqua sur-le-champ et le sang coula en abondance. Mais l'état du malade ne faisait qu'empirer. Tantôt, il divaguait, parlait de chasse, de gibier. Tantôt retrouvant sa lucidité d'esprit, il s'écriait : « Mon Dieu, donnez-moi la patience ! » Quand sa femme lui suggérait d'offrir ses souffrances au bon Dieu, il lui répondait : « Je le fais. »

Horriblement inquiète, elle eut l'idée de lui parler des sacrements ; mais on l'en détourna, en lui disant que c'était trop tôt, que le danger n'était pas imminent, que cela effrayerait inutilement son mari. Elle se reprocha plus tard de n'avoir pas suivi sa première impression. Mais on lui fit comprendre qu'elle devait repousser cette pensée comme une tentation, et qu'il fallait au contraire bénir la miséricorde de Dieu, qui voyant Paul prêt pour la mort des saints et mûr pour l'éternité, avait voulu lui épargner les déchirements des suprêmes adieux et les angoisses de la séparation.

A partir de quatre heures, son agitation devint extrême, il repoussait ses couvertures, demandait ses habits et voulait se lever ; mais il suffisait de le recouvrir et de lui dire quelques paroles de piété, pour lui rendre un calme momentané. Un vomissement qu'il eut à ce moment ne laissa plus de doute sur la maladie. Vers huit heures du soir, sa femme lui demanda : « As-tu encore beaucoup de mal ? » Il se contenta de répondre : « *Fiat vo-*

luntas! » Ce fut la dernière parole dont il eut conscience ; elle résumait admirablement sa vie. Cependant il donna encore quelques signes de connaissance. Plusieurs fois, quand on changeait de place sa pauvre tête malade, il gémit, ou murmura ces mots : « Mon doux Seigneur. » Le lundi matin, il parut regarder assez fixement et suivre des yeux le curé de Santes qui lui donnait l'absolution. Il reçut l'Extrême-Onction à trois heures. Le soir, l'abbé Charles, son frère, accouru près de lui, eut quelques serrements de main, et sa femme une petite caresse qui lui était habituelle. Enfin le mardi, 17 mars, vers une heure et demie de l'après-midi, il expira doucement, et son âme, délivrée des liens du corps, monta vers le Dieu juste et bon qu'il avait tant aimé sur la terre.

Sa femme trouvant dans son amour plus fort que la mort la force de lui rendre jusqu'à la fin les devoirs d'une fidèle épouse, lui ferma les yeux, arrangea ses cheveux, lui fit en un mot sa dernière toilette et lui mit entre les mains son crucifix avec son chapelet. La mort avait rendu à ses traits altérés par la souffrance leur beauté naturelle encore accrue de cette majesté tranquille que donne la paix éternelle à ceux qui se sont endormis dans le baiser du Seigneur. Ses enfants ne ressentaient auprès de sa dépouille mortelle aucune de ces terreurs que la mort cause habituellement à la nature. Jusqu'à sa mise au cercueil, ils allaient et venaient dans sa chambre, presque comme s'il eût été encore en vie. Ses deux fils et sa fille aînée, Jules, Dominique et Cécile, agenouillés près de sa couche funèbre, lui promirent solennellement d'être toujours comme lui, bons, pieux, chrétiens exemplaires, et de lui ressembler en tout. Qu'ils n'oublient jamais cette promesse sacrée !

Quant aux plus petits, ils demandaient toujours à le voir, et ne le croyaient qu'endormi. Ses deux petites jumelles, âgées de 18 mois à peine, montées sur son lit, lui faisaient des caresses, se penchaient sur sa poitrine, sur sa figure, l'embrassaient, l'appelaient, et, voyant qu'il ne répondait pas, elles se retournaient vers les autres et leur disaient : « Dodo, papa ! » Les pauvres enfants ne se souviendront plus ni de ces dernières caresses, ni de ce saint et excellent père ; mais à défaut de leurs souvenirs personnels, leur mère et ce récit rétabliront et feront vivre son image dans leur esprit et dans leur cœur.

Les funérailles de Paul Bernard eurent lieu le vendredi 20 mars dans l'église de Santes, au milieu d'une affluence considérable. Tous les habitants de la paroisse y assistaient dans le recueillement et dans les larmes. Dès l'annonce de sa maladie, l'inquiétude et la douleur avaient été universelles, et partout, jusque dans les plus pauvres chaumières, on trembla, on pria pour lui. Un concert de supplications s'éleva vers le ciel pour obtenir sa guérison. On fit des vœux, des promesses, la petite chapelle de Lourdes érigée dans la paroisse ne désemplissait pas. Dieu qui sait mieux que nous ce qui nous convient écouta tous ces vœux, reçut toutes ces prières, et les exauça en donnant à Paul, au lieu de la vie de ce monde qu'on redemandait pour lui, la vie éternelle et bienheureuse.

Sa mort jeta la stupeur et le deuil non-seulement à Santes, mais dans la ville de Lille tout entière. Son nom, celui de sa famille, sa bonté, sa vertu, étaient connus de ceux mêmes qui ne le connaissaient pas personnellement, et la compassion publique, rapprochant sa fin si prématurée de celle de son frère Alexandre, enveloppa dans la même sympathie douloureuse les deux jeunes veuves et les nombreux orphelins frappés par ce double coup de foudre. Ces catastrophes, qui déconcertent la raison, exercent en fin de compte une action salutaire sur la conscience populaire. On comprend, en présence de ces arrêts d'en haut révoltants pour la sagesse humaine, que ce monde n'est pas le lieu de la justice divine, et que c'est ailleurs, plus haut, dans une autre vie plus durable et plus vraie, que chacun est traité et récompensé selon ses œuvres. Et c'est ainsi que les justes, après avoir édifié le monde dans leur vie, lui sont encore utiles et salutaires dans leur mort.

Le corps de Paul Bernard repose dans le cimetière de Santes près de celui de son frère Alexandre, au milieu de tous les membres de sa famille qui peuplent ce coin de terre béni. Mort à 33 ans et 9 mois, il passa sur la terre sans avoir fait le mal, ayant fait beaucoup de bien, ayant beaucoup souffert, beaucoup pleuré, beaucoup aimé, beaucoup donné. La vie eut pour lui, malgré de nombreuses épreuves, de grandes bénédictions et de grandes joies. Outre le bonheur, qui remplace tout et que rien ne remplace, d'une existence chrétienne et d'une conscience pure, il goûta au suprême degré toutes les affections légitimes, l'amour fraternel, l'amour conjugal, l'amour paternel. Sa mort si douloureuse à sa femme, à ses enfants, à tous ceux qui l'aimaient, ne fut pour lui que la grâce suprême qui couronna sa vie et le fixa à jamais dans le bonheur des élus. J'en ai la confiance, cette mort cruelle sera une grâce aussi pour la jeune veuve et les huit orphelins qui lui survivent. Il leur sera plus présent, plus secourable, du haut du ciel où il est puissant près de Dieu, que s'il fût resté sur la terre. On verra se renouveler sur ses enfants la protection visible dont Dieu couvrit Paul lui-même et ses frères et sœurs trente ans auparavant, et qui les garda tous au milieu des dangers de ce monde, dans la paix de l'âme et dans la fidélité chrétienne à tous leurs devoirs. Ils grandiront sous l'œil maternel, dans le culte de la mémoire de leur père, dans l'amour et la pratique de toutes les vertus qu'il a lui-même pratiquées pendant sa vie. Unis entre eux, unis aux enfants d'Alexandre, ils continueront tous ensemble les traditions paternelles, et protégés par cette assistance invisible mais continuelle de ceux qui leur donnèrent la vie et qui les attendent au ciel, ils seront une preuve nouvelle de la vérité de ce dogme si consolant et si doux de la communion des saints !

Paris, 30 janvier 1875.

IMPRIMERIE EUGÈNE HEUTTE ET Cie, A SAINT-GERMAIN.

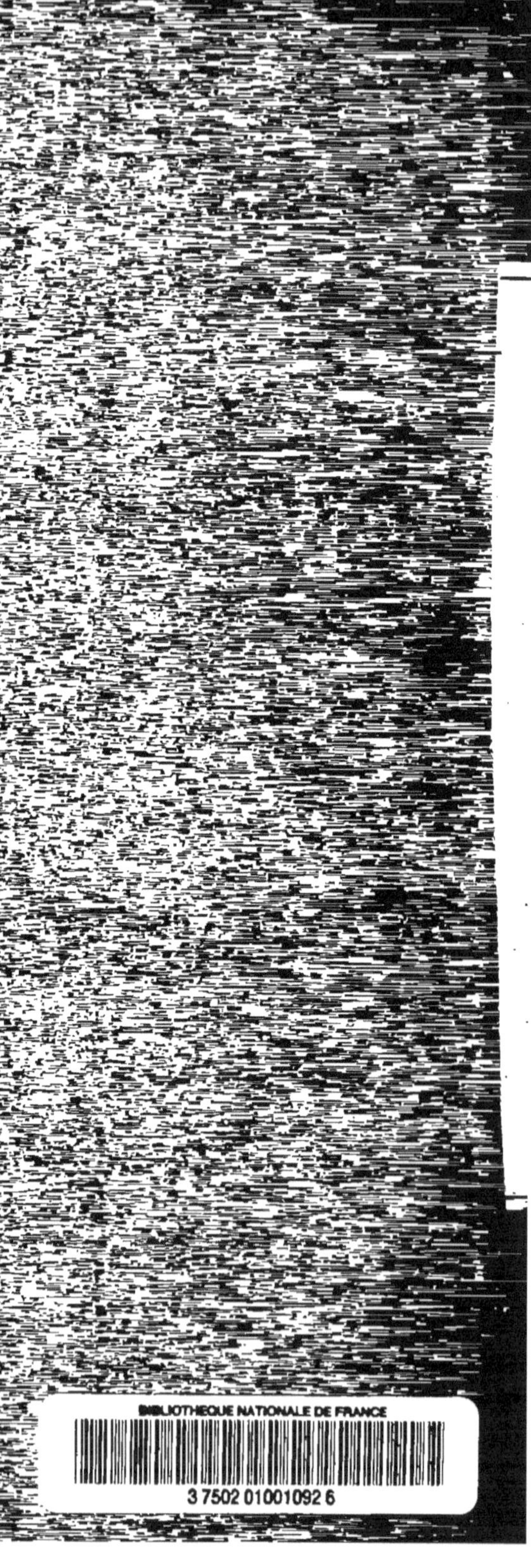

www.ingramcontent.com/pod-product-compliance
Lightning Source LLC
LaVergne TN
LVHW020437230826
846091LV00004B/1524

* 9 7 8 2 0 1 2 4 6 7 3 5 4 *